Herzliche Einladung zum Tag der offenen Tür am 25. Mai ab 9 Uhr

Den ganzen Tag über gibt es spannende Attraktionen für Jung und Alt! Hier eine kleine Auswahl, das komplette Programm steht im Internet unter: **www.polizeidirektion-schoenheid.de/offene_tuer**

Attraktion 1	**Präsentation der Hundestaffel**
Zeit und Ort	9.30 Uhr bis 10.30 Uhr, Innenhof der Polizeiwache
Programm	Die Hundestaffel zeigt ihr Können: Los geht es mit einem Einblick ins Hundetraining, bevor eine realistische Spuren- und Rauschgiftsuche nachgestellt wird. Höhepunkt ist dann die spannende Verfolgung und Festnahme eines Einbrechers.
Alter	Kinder ab 8 Jahren
Leitung	Natascha Klein
Anmeldung	nicht erforderlich
Besonderheit	Besuch der Hundestaffel-Präsentation bitte nur in Begleitung eines Erwachsenen. (Keine Betreuung der Zuschauerreihen!)

Attraktion 2	**Fahrradparcours**
Zeit und Ort	11.30 Uhr bis 14.30 Uhr, Innenhof der Polizeiwache
Programm	Wie geschickt bist du auf dem Fahrrad? Hier könnt ihr Slalom fahren, eure Geschicklichkeit auf Wippen, schmalen Brücken und rutschigem Kies testen und dabei auch noch gewinnen. Die drei Kinder, die den Parcours mit den wenigsten Fehlern durchfahren, dürfen sich um 15 Uhr gemeinsam mit dem Jugendbeamten Marius Weinfeld einen Streifenwagen genauer ansehen und dabei auch die Sirene anschalten.
Alter	Kinder ab 9 Jahren
Leitung	Marius Weinfeld, in Zusammenarbeit mit der Verkehrswacht
Anmeldung	Nicht erforderlich. Bevor du losfährst, melde dich aber bitte bei Herrn Weinfeld und seinen Kolleg*innen vor Ort, die dir den Parcours kurz erklären und deine Fragen beantworten.
Besonderheit	Bitte Fahrradhelm mitbringen!

Attraktion 3 **Besichtigung der Zentrale**

Zeit und Ort 12.00 Uhr bis 12.45 Uhr, Treffpunkt: vor dem Haupteingang der Polizeizentrale

Programm Telefone, Computerlandkarte und noch mehr: Was hat der wachhabende Polizist alles im Blick? Wir zeigen es dir bei einer Führung durch die Polizeizentrale, bei der du auch mal in der Ausnüchterungszelle Probe sitzen darfst.

Alter Mädchen und Jungen ab 6 Jahren

Leitung Klara Roth

Anmeldung Anmeldung erforderlich bis 19. Mai.
Tel.: 08948-6533 (Di und Do 11 bis 15 Uhr)

Besonderheit Bei mehr als 12 Teilnehmer*innen wird die Gruppe geteilt. Die zweite Gruppe startet um 13.00 Uhr, die dritte um 14.00 Uhr usw. Deine Startzeit erfährst du bei der telefonischen Anmeldung.

Attraktion 4 **Anprobe und Fototermin**

Zeit und Ort 12.30 Uhr bis 15.00 Uhr, Zimmer 304

Programm Von der Polizeimütze bis zur kugelsicheren Weste: Groß und Klein dürfen hier verschiedene Uniformen, Helme, Mützen und Handschellen anprobieren und sich damit fotografieren lassen.

Alter Kinder und Erwachsene von 0 bis 99 Jahren

Leitung Fritz Reuter

Anmeldung nicht erforderlich

Besonderheit Eigene Kameras dürfen selbstverständlich mitgebracht werden. Fotos von unserem Polizeifotografen werden für 3 € das Stück verkauft.

Für Speis und Trank sorgt die Polizeikantine:
Es gibt Hotdogs, Bratwürste vom Grill,
Pommes frites, Maiskolben und Waffeln.

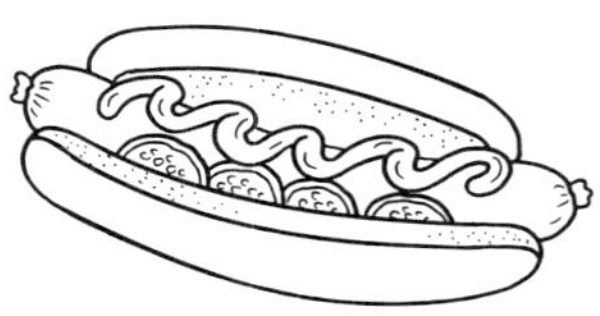

Lies den Text aufmerksam durch und beantworte die Fragen.

1 Was kannst du am Tag der offenen Tür bei der Polizei unternehmen?

- ☐ Bei der Verfolgung eines Einbrechers zusehen.
- ☐ Dich mit Handschellen fotografieren lassen.
- ☐ In der Ausnüchterungszelle Probe sitzen.
- ☐ Mit dem Fahrrad über eine Wippe fahren.

Tipp

Wenn du bei einer Frage etwas ankreuzen sollst, kann eine Antwort richtig sein oder auch mehrere. ■

2 Welche Angebote gelten für achtjährige Kinder?

- ☐ Präsentation der Hundestaffel
- ☐ Fahrradparcours
- ☐ Besichtigung der Zentrale
- ☐ Anprobe und Fototermin

3 Lisa erzählt, dass der zehnjährige Markus, die elfjährige Selina und der siebenjährige Florian die Besichtigung eines Streifenwagens gewonnen haben.
Kann das stimmen? Begründe deine Antwort mithilfe des Textes.

____

____

____

____

____

Tipp

Wenn in der Aufgabenstellung steht „mithilfe des Textes“, müssen in deiner Antwort Inhalte oder Wörter aus dem Text vorkommen. ■

4 Felix und Maja Brenner besuchen mit ihren Eltern den Tag der offenen Tür.
Felix will den Fahrradparcours besuchen, Maja die Präsentation der Hundestaffel.
Wann müssen sie auf der Polizeiwache sein?

____

5 Mama Brenner ist das Programm nicht so wichtig. Sie freut sich, dass sie nicht kochen muss, weil die Familie auf der Polizeiwache essen kann. Stimmt das? Begründe deine Antwort mithilfe des Textes.

6 Ina findet Polizei langweilig. Sie mag nur Tiere, Verkleiden und Basteln. Sie sagt: „Da gibt es nur doofe Sachen, nichts, was mich interessiert." Stimmst du ihr zu? Begründe deine Meinung.

7 Mario interessiert sich für kugelsichere Westen, Handschellen und Polizeicomputer. Welche Attraktionen sollte er besuchen?

- [ ] Präsentation der Hundestaffel
- [ ] Fahrradparcours
- [ ] Besichtigung der Zentrale
- [ ] Anprobe und Fototermin

8 Linus findet alles toll, was ein Blaulicht hat und wobei man ein Martinshorn hören kann. Was sollte er auf jeden Fall versuchen?

9 Gibt es außer den vier beschriebenen Programmpunkten noch mehr Attraktionen, die beim Tag der offenen Tür auf der Polizeiwache geboten werden? Begründe mithilfe des Textes.

10 Warum muss man sich bei Attraktion 3 vorher anmelden?

11 Kreuze die richtigen Antworten an.

	stimmt	stimmt nicht
Wenn Familie Klein um 15.30 Uhr zur Polizeiwache kommt, kann sie sich mit kugelsicheren Westen fotografieren lassen.	☐	☐
Fritz Reuter leitet die Besichtigung der Zentrale.	☐	☐
Die Besichtigung der Zentrale findet in Zimmer 304 statt.	☐	☐
Bastis Oma darf sich mit Helm fotografieren lassen.	☐	☐
Marius Weinfeld ist ein Jugendbeamter.	☐	☐
Lilli ist die 15. Person, die sich bei der Besichtigung der Zentrale anmeldet. Ihre Gruppe wird um 14 Uhr starten.	☐	☐

Versammlung im Regen

Schieferbart war der älteste Drache im Tal. Er hatte mehr erlebt, als seine Erinnerung festhalten konnte. Seine Schuppen schimmerten schon lange nicht mehr, aber Feuer speien konnte er noch, und die Jüngeren fragten ihn um Rat, wenn sie nicht weiterwussten. Lung weckte Schieferbart, als alle anderen Drachen sich schon vor seiner Höhle drängten.

Die Sonne war untergegangen. Die Nacht hing schwarz und sternenlos über dem Tal und es regnete immer noch.

Missmutig sah der alte Drache zum Himmel, als er aus seiner Höhle trat. Seine Knochen schmerzten von der Feuchtigkeit und die Kälte machte seine Gelenke steif. Die anderen Drachen wichen respektvoll vor ihm zurück. Schieferbart sah sich um. Keiner fehlte, aber Schwefelfell war der einzige Kobold, der da war. Mit schweren Schritten und schleifendem Schwanz ging der alte Drache durch das feuchte Gras auf einen Felsen zu, der wie der moosbewachsene Kopf eines Riesen im Tal aufragte. Schnaufend stieg er hinauf und sah sich um. Wie erschrockene Kinder blickten die anderen Drachen zu ihm hoch. Einige waren noch sehr jung und kannten nur dieses Tal, andere waren mit ihm von weit, weit her gekommen und erinnerten sich daran, dass die Welt nicht immer den Menschen gehört hatte. Sie alle rochen das Unglück und sie hofften, dass er es verscheuchen würde. Aber er war alt und müde. „Komm herauf, Ratte“, sagte er mit heiserer Stimme. „Erzähl, was du gesehen und gehört hast.“

Flink sprang die Ratte den Felsen hinauf, kletterte Schieferbarts Schwanz hoch und hockte sich auf seinen Rücken. Es war so still unter dem dunklen Himmel, dass nur das Rauschen des Regens zu hören war und das Rascheln der jagenden Füchse in der Nacht. Ratte räusperte sich. „Die Menschen kommen!“, rief sie. „Sie haben ihre Maschinen geweckt, sie gefüttert und auf den Weg gebracht. Nur zwei Tage von hier fressen sie sich schon durch die Berge. Die Feen werden sie noch eine Weile aufhalten, aber irgendwann sind sie hier, denn ihr Ziel ist euer Tal.“

Die Drachen stöhnten auf, hoben die Köpfe und drängten sich noch dichter um den Felsen, auf dem Schieferbart stand.

Lung hielt sich etwas abseits. Schwefelfell hockte auf seinem Rücken und knabberte an einem getrockneten Pilz herum. „Na, na, Ratte“, murmelte sie. „Hätte man das nicht etwas netter sagen können?“

„Was heißt das?“, rief einer der Drachen. „Was wollen sie hier? Sie haben doch alles, da, wo sie sind.“

„Sie haben nie alles, was sie wollen“, antwortete die Ratte.

„Wir verstecken uns, bis sie wieder weg sind!“, rief ein anderer Drache. „So wie wir es immer gemacht haben, wenn sich einer von ihnen hierher verirrt hat. Sie sind doch so blind, sie sehen nur, was sie sehen wollen. Sie werden uns wieder für Felsen halten oder für abgestorbene Bäume.“

Aber Ratte schüttelte den Kopf.

„Schon lange warne ich euch!“, rief sie mit schriller Stimme. „Hundertmal habe ich euch gesagt, dass die Menschen Pläne schmieden. Aber Große hören nicht auf Kleine, nicht wahr?“ Ärgerlich sah sie sich um. „Ihr versteckt euch vor den Menschen, aber euch interessiert nicht, was sie treiben. Meine Sippe ist nicht so dumm. Wir gehen in ihre Häuser. Wir belauschen sie. Und deshalb wissen wir, was sie mit eurem Tal vorhaben.“ Ratte räusperte sich und strich über ihren grauen Schnurrbart.

„Jetzt macht sie es wieder spannend“, flüsterte Schwefelfell Lung ins Ohr, aber der Drache beachtete sie nicht.

„Was haben sie vor?“, fragte Schieferbart müde. „Sag schon, Ratte.“

Die Ratte zwirbelte nervös an einem Barthaar. Es machte wirklich keinen Spaß, schlechte Nachrichten zu überbringen. „Sie – werden euer Tal fluten“, antwortete sie zögernd. „Hier wird bald nichts mehr als Wasser sein. Eure Höhlen werden überschwemmt und von den hohen Bäumen da“, sie zeigte mit der Pfote in die Dunkelheit, „werden nicht einmal mehr die Spitzen aus dem Wasser ragen.“

Sprachlos starrten die Drachen sie an.

„Das ist unmöglich!“, stieß schließlich einer hervor. „Niemand kann das. Nicht einmal wir, obwohl wir größer und stärker sind als sie.“

„Unmöglich?“ Die Ratte lachte spöttisch. „Größer, stärker? Ihr versteht gar nichts. Sag du es ihnen, Schwefelfell. Sag ihnen, wie die Menschen sind. Vielleicht glauben sie dir ja.“ Beleidigt rümpfte sie die spitze Nase.

Die Drachen wandten sich zu Lung und Schwefelfell um.

„Ratte hat recht“, sagte das Koboldmädchen. „Ihr habt keine Ahnung.“ Sie spuckte auf die Erde und zupfte an einem Stück Moos, das zwischen ihren Zähnen klemmte. „Die Menschen laufen nicht mehr in Rüstungen herum wie damals, als sie euch gejagt haben, aber gefährlich sind sie immer noch. Sie sind das Gefährlichste, was es gibt auf der Welt.“

Aus: Cornelia Funke: Drachenreiter. Hamburg: Cecilie Dressler Verlag, 1997, S. 14–16.

Lies den Text aufmerksam durch und beantworte die Fragen.

1 Wie hieß der älteste Drache im Tal?

____

2 Welche dieser Sätze passen zum ältesten Drachen?

- ☐ Er konnte noch Feuer speien.
- ☐ Seine Schuppen schimmerten noch.
- ☐ Die jungen Drachen fragten ihn um Rat.
- ☐ Seine Knochen schmerzten.

3 Wie hieß der einzige Kobold?

4 Welche Sätze passen zur Situation?

- [ ] Es war Tag.
- [ ] Die Sonne schien.
- [ ] Es regnete.
- [ ] Es war Nacht.

5 „Sie haben nie alles, was sie wollen“, sagte die Ratte über die Menschen.
Welches Wort passt zu diesem Satz?

- [ ] unehrlich
- [ ] unersättlich
- [ ] unentbehrlich
- [ ] unerfreulich

6 Warum wusste die Ratte, was die Menschen vorhaben?

7 Warum rümpfte die Ratte beleidigt die spitze Nase?

8 Haben die Menschen die Drachen bisher erkannt?
Unterstreiche die Textstelle, die darauf Antwort gibt.

Schreibe die Nummern der Zeilen auf, in denen du die Antwort gefunden hast.

Zeilen: ☐

9 Schätzten die Drachen die Gefahr, die durch die Menschen entstehen, richtig ein?
Begründe deine Meinung mithilfe des Textes.

---

10 Was wollten die Menschen wohl bauen?

- ☐ ein Floß
- ☐ ein Dorf
- ☐ einen Stausee
- ☐ eine Mühle

11 Was denkst du, hat die Ratte gemeint, als sie sagte: „Sie haben ihre Maschinen geweckt, gefüttert und auf den Weg gebracht“?

---

12 Was würdest du den Drachen raten? Begründe deine Meinung.

---

13 Was hat die Ratte den Drachen schon hundertmal gesagt?

- ☐ Dass sie sich verstecken sollen.
- ☐ Dass die Menschen Pläne schmieden.
- ☐ Dass die Menschen dumm sind.
- ☐ Dass die Drachen nicht auf Mäuse hören.

14 Was bauten die Menschen wohl, wenn es heißt, dass sich die Maschinen durch die Berge fraßen?

- ☐ einen Brunnen
- ☐ einen Tunnel
- ☐ eine Autobahn
- ☐ eine Höhle

15 Welche Aussagen sind richtig, welche sind falsch?

	richtig	falsch
Schieferbart kletterte auf einen Felsen, der wie ein Riesenkopf aussah.	☐	☐
Die Welt hatte nicht immer den Menschen gehört.	☐	☐
Die Drachen hofften, dass Schieferbart das Unglück verscheuchen würde.	☐	☐
Schwefelfell knabberte an getrocknetem Gras herum.	☐	☐
Schwefelfell kletterte an Schieferbarts Schwanz hoch.	☐	☐

16 Wofür halten die Drachen die Menschen?

- ☐ taub
- ☐ blind
- ☐ stumm

Ausgestorbene Tiere

In unseren Naturkundemuseen finden wir viele Spuren von Tieren: Knochen, Federn, Abdrücke, Fossilien oder ausgestopfte Exemplare. Früher wurden die Museen gegründet, um die ersten gefundenen Tiere auszustellen. Heute ist es oft so, dass das letzte Tier seiner Art gezeigt wird. Manche sind durch Krankheiten oder Umwelteinflüsse, viele durch das Eingreifen des Menschen ausgestorben.

Das berühmteste Tier, das erst vor Kurzem ausgestorben ist, ist die Pinta-Riesenschildkröte auf den Galapagosinseln.

Bevor die Galapagosinseln im 16. Jahrhundert entdeckt wurden, konnten die Schildkröten dort ungestört leben. Die europäischen Seefahrer aber brachten neue Tiere mit, die zu einer Gefahr für die Schildkröten wurden. Dazu gehörte zum Beispiel die Ziege, die den Schildkröten ihr Futter wegfraß. Deshalb, und weil viele Riesenschildkröten von den Europäern getötet wurden, wurden sie immer weniger und manche Arten starben aus.

1971 entdeckte ein Wissenschaftler die letzte Riesenschildkröte auf der Galapagosinsel Pinta und nannte sie George. Weitere Riesenschildkröten konnte er auch nach intensiver Suche nicht entdecken. George lebte also wirklich allein auf der Insel und wurde daher „lonesome George", also „einsamer George", genannt.

George wurde weltberühmt und die Wissenschaftler*innen versuchten vergeblich, ihn vor dem Aussterben zu retten.

Sie brachten weibliche Schildkröten auf die Insel und versuchten, sie mit George zusammenzubringen. Doch George war nicht interessiert. Erst nach mehr als 30 Jahren paarte er sich – die Gelege, die man daraufhin fand, waren allerdings alle unbefruchtet. Und so wird George als letzte Pinta-Riesenschildkröte in die Geschichte eingehen.

Er ist am 24. Juni 2012 gestorben, da war er ca. 100 Jahre alt.

In Australien gab es ein ganz besonderes Tier: den Schweinsfuß-Nasenbeutler.

Dieses Beuteltier sah aus wie eine große Maus mit Kaninchenohren. Seine Vorderbeine ähnelten denen des Schweins, die Hinterbeine denen eines Vogels. Er war ca. 25 cm lang, 200 g schwer, nachtaktiv und schlief tagsüber in Grasnestern.

Sein Aussterben hat mit der Besiedlung Australiens durch die englischen Siedler zu tun. Schweinsfuß-Nasenbeutler hatten vorher keine natürlichen Feinde. Die englischen Siedler aber brachten Kaninchen, Hasen, Füchse, Hunde und Katzen mit nach Australien. Die Füchse, Hunde und Katzen begannen, den Schweinsfuß-Nasenbeutler zu jagen, die Kaninchen und Hasen fraßen ihm das Futter weg. Seine natürliche Umgebung veränderte sich dadurch so sehr, dass er ausstarb.

Schon länger ausgestorben ist der sizilianische Zwergelefant.

Man findet heute noch auf manchen Mittelmeerinseln wie Sizilien, Zypern und Kreta Schädel und Skelette. Der Zwergelefant hatte eine Risthöhe (= Höhe vom Boden bis zu der Stelle, an der der Hals anfängt) von nur **1 Meter, das ist ungefähr so groß wie ein neugeborenes Fohlen,** und war 150 bis 200 kg schwer. Er ernährte sich – wie seine großwüchsigen Verwandten – von Blättern.

Der Zwergelefant ist ungefähr zur Römerzeit ausgestorben. Schuld daran waren vermutlich wieder die Menschen, die ihn so lange jagten, bis kein Exemplar mehr übrig war.

So groß etwa war ein ausgewachsener Zwergelefant.

Verändert nach: Hélène Rajcak, Damien Laverdunt: Unglaubliche Geschichten von ausgestorbenen Tieren. Berlin: Verlagshaus Jacoby und Stuart, 2012.

Lies den Text aufmerksam durch und beantworte die Fragen.

1 Warum wurden die ersten Museen gegründet?

- [ ] Um Knochen, Federn und Fossilien auszustellen.
- [ ] Um die ersten gefundenen Tiere auszustellen.
- [ ] Um Krankheiten der Tiere zu zeigen.
- [ ] Um Spuren der Tiere zu zeigen.

2 Wie kam der einsame „lonesome George“ zu seinem Namen?

____

____

____

____

3 Warum starben die Riesenschildkröten aus, als die europäischen Seefahrer zu den Galapagosinseln kamen?

- [ ] Sie brachten Ziegen mit, die den Schildkröten das Futter wegfraßen.
- [ ] Viele Riesenschildkröten wurden von den Europäern getötet.
- [ ] Die Europäer brachten Füchse mit, die Schildkröteneier fraßen.
- [ ] Die Schildkröten paarten sich nicht mit europäischen Schildkröten und starben aus.

4 Wie versuchten Wissenschaftler*innen, die Riesenschildkröte vor dem Aussterben zu retten? Unterstreiche die Textstelle, die darauf Antwort gibt.

5 Bringe den Ablauf auf den Galapagosinseln durch Nummerieren in die richtige Reihenfolge.

____ Im 16. Jahrhundert kamen europäische Seefahrer auf die Inseln.

____ Die Seefahrer hatten Ziegen an Bord.

_1_ Die Tiere auf den Galapagosinseln lebten bis zum 16. Jahrhundert ungestört.

____ Leere Gelege wurden entdeckt.

____ 2012 starb George.

____ Die Europäer jagten die Schildkröten und die Ziegen fraßen ihnen das Futter weg.

____ 1971 wurde die letzte Riesenschildkröte entdeckt.

____ Wissenschaftler*innen versuchten, weibliche Schildkröten mit George zu paaren.

6 Welche Aussagen treffen auf den Schweinsfuß-Nasenbeutler zu?

- ☐ Er gehörte zur Gattung der Beuteltiere.
- ☐ Seine Hinterbeine glichen denen eines Vogels.
- ☐ Seine Vorderbeine glichen denen eines Vogels.
- ☐ Er schlief tagsüber in Grasnestern.

7 Welche Aussagen sind richtig, welche falsch?

	richtig	falsch
Der Schweinsfuß-Nasenbeutler war 200 g schwer.	☐	☐
Das Schaf fraß der Pinta-Riesenschildkröte das Futter weg.	☐	☐
1971 wurde auf den Galapagosinseln ein Wissenschaftler entdeckt.	☐	☐
„Lonesome George“ wurde ca. 100 Jahre alt.	☐	☐
Der sizilianische Zwergelefant konnte bis 200 kg schwer werden.	☐	☐
„Lonesome George“ starb am 24. 6. 2012.	☐	☐

8 Wo konnte man den Schweinsfuß-Nasenbeutler finden?

____

____

9 Welche Tiere jagten den Schweinsfuß-Nasenbeutler?

10 Auf welchen Inseln kann man Knochen des sizilianischen Zwergelefanten finden?
Nenne drei Beispiele.

11 Was steht im Text?

- ☐ Die Risthöhe ist die Höhe des Tieres vom Boden bis zu den Ohren.
- ☐ Die Risthöhe ist die Höhe des Tieres vom Boden bis zu der Stelle, an der der Hals anfängt.
- ☐ Der Zwergelefant hatte eine Risthöhe von ca. 1 Meter.

12 Denke nach. Stimmt dieser Satz:
Ein neugeborenes Fohlen hat eine Risthöhe von ca. 1 Meter.

- ☐ ja
- ☐ nein

13 Essen große Elefanten, wie wir sie heute kennen, Blätter?
Begründe deine Antwort mithilfe des Textes.

Frederick

Rund um die Wiese herum, wo Kühe und Pferde grasten, stand eine alte, alte Steinmauer. In dieser Mauer – nahe bei Scheuer *(Scheune)* und Kornspeicher – wohnte eine Familie schwatzhafter Feldmäuse. Aber die Bauern waren weggezogen, Scheuer und Kornspeicher standen leer. Und weil es bald Winter wurde, begannen die kleinen Feldmäuse Körner, Nüsse, Weizen und Stroh zu sammeln. Alle Mäuse arbeiteten Tag und Nacht. Alle – bis auf Frederick.

„Frederick, warum arbeitest du nicht?", fragten sie. „Ich arbeite doch", sagte Frederick, „ich sammle Sonnenstrahlen für die kalten, dunklen Wintertage."

Und als sie Frederick so dasitzen sahen, wie er auf die Wiese starrte, sagten sie:

„Und nun, Frederick, was machst du jetzt?"

„Ich sammle Farben", sagte er nur, „denn der Winter ist grau."

Und einmal sah es so aus, als sei Frederick halb eingeschlafen. „Träumst du, Frederick?", fragten sie vorwurfsvoll. „Aber nein", sagte er, „ich sammle Wörter. Es gibt viele lange Wintertage – und dann wissen wir nicht mehr, worüber wir sprechen sollen."

Als nun der Winter kam und der erste Schnee fiel, zogen sich die fünf kleinen Feldmäuse in ihr Versteck zwischen den Steinen zurück.

In der ersten Zeit gab es noch viel zu essen, und die Mäuse erzählten sich Geschichten über singende Füchse und tanzende Katzen. Da war die Mäusefamilie ganz glücklich!

Aber nach und nach waren fast alle Nüsse und Beeren aufgeknabbert, das Stroh war alle, und an Körner konnten sie sich kaum noch erinnern. Es war auf einmal sehr kalt zwischen den Steinen der alten Mauer und keiner wollte mehr sprechen.

Da fiel ihnen plötzlich ein, wie Frederick von Sonnenstrahlen, Farben und Wörtern gesprochen hatte. „Frederick!", riefen sie, „was machen *deine* Vorräte?"

„Macht die Augen zu", sagte Frederick und kletterte auf einen großen Stein. „Jetzt schicke ich euch die Sonnenstrahlen. Fühlt ihr schon, wie warm sie sind? Warm, schön und golden?" Und während Frederick so von der Sonne erzählte, wurde den vier kleinen Mäusen schon viel wärmer.

Ob das Fredericks Stimme gemacht hatte? Oder war es ein Zauber?

„Und was ist mit den Farben, Frederick?", fragten sie aufgeregt. „Macht wieder eure Augen zu", sagte Frederick. Und als er von blauen Kornblumen und roten Mohnblumen im gelben Kornfeld und von grünen Blättern am Beerenbusch erzählte, da sahen sie die Farben so klar und deutlich vor sich, als wären sie aufgemalt in ihren kleinen Mäuseköpfen.

„Und die Wörter, Frederick?" Frederick räusperte sich, wartete einen Augenblick und dann sprach er wie von einer Bühne herab:

„Wer streut die Schneeflocken? Wer schmilzt das Eis?
Wer macht lautes Wetter? Wer macht es leis?
Wer bringt den Glücksklee im Juni heran?
Wer verdunkelt den Tag? Wer zündet die Mondlampe an?
Vier kleine Feldmäuse wie du und ich
wohnen im Himmel und denken an dich.
Die erste ist die Frühlingsmaus, die lässt den Regen lachen.
Als Maler hat die Sommermaus die Blumen bunt zu machen.
Die Herbstmaus schickt mit Nuss und Weizen schöne Grüße.
Pantoffeln braucht die Wintermaus für ihre kalten Füße.
Frühling, Sommer, Herbst und Winter sind vier Jahreszeiten.
Keine weniger und keine mehr. Vier verschiedene Fröhlichkeiten."

Als Frederick aufgehört hatte, klatschten alle und riefen: „Frederick, du bist ja ein Dichter!" Frederick wurde rot, verbeugte sich und sagte bescheiden: „Ich weiß es – ihr lieben Mäusegesichter!"

Leo Lionni: Frederick. Köln: Gertraud Middelhauve Verlag, 1967.

Lies den Text aufmerksam durch und beantworte die Fragen.

1 Wo wohnte die Feldmausfamilie?

- [ ] In einer alten Steinmauer.
- [ ] In der Nähe von Scheuer und Kornspeicher.
- [ ] Neben einer Wiese, wo Kühe und Pferde grasten.
- [ ] In einem Mäuseloch.

Tipp

Denke daran: Wenn du bei einer Frage etwas ankreuzen sollst, kann eine Antwort richtig sein oder auch mehrere. ■

2 Was sammelten die Feldmäuse als Wintervorrat?

- [ ] Körner
- [ ] Nüsse
- [ ] Hafer
- [ ] Weizen

3 Verbinde die passenden Satzteile.

Frederick sammelte Sonnenstrahlen	weil der Winter grau ist.
Frederick sammelte Farben,	für die kalten, dunklen Wintertage.
Frederick sammelte Wörter	für lange Wintertage, wenn die Mäuse nicht wissen, worüber sie reden sollen.

4 Nummeriere die Sätze in der richtigen Reihenfolge.

____ Die Mäusefamilie war glücklich, hatte genug zu essen und erzählte sich Geschichten.

____ Der Schnee fiel und die Mäuse gingen in ihr Versteck zwischen den Steinen.

____ Die Familie erinnerte sich an Fredericks Vorräte.

____ Die Vorräte waren aufgeknabbert und es war kalt. Keiner wollte mehr sprechen.

5 Frederick erzählte von …

	stimmt	stimmt nicht
der Wärme der Sonnenstrahlen.	☐	☐
den roten Tulpen im Kornfeld.	☐	☐
vier kleinen Feldmäusen, die im Himmel wohnen.	☐	☐
den Gesängen der Feldlerche.	☐	☐

6 Welches dieser Stichwörter passt **nicht** zu Fredericks Gedicht?

☐ Schneefall ☐ Sturm
☐ Tauwetter ☐ Donner
☐ Sonnenschein ☐ Mondschein

7 Waren Fredericks Vorräte für die Mäusefamilie hilfreich?
Begründe deine Antwort mithilfe des Textes.

____

____

____

____

8 Frederick sammelte Farben, Sonnenstrahlen und Licht für den Winter, wenn die Welt dunkel und kalt ist. Was würdest du für eine alte, blinde Frau sammeln?

____

____

____

____

Text 1: Tierische Rettungsaktion

Tierische Rettungsaktion – Delfin führt Wale zurück ins Meer

Wellington, Neuseeland

Gestern strandeten zwei Zwergpottwale, eine Mutter und ihr Kalb, in Mahia Beach. Mehrere Tierschützer*innen versuchten eine Stunde lang, den Tieren den Weg zurück ins Meer zu weisen – vergeblich.

Die Wale waren auf einer Sandbank gestrandet. „Sie verloren immer wieder die Orientierung und strandeten erneut", sagte Mr. Smith, der Umweltschutzbeamte. „Sie konnten offensichtlich den Weg zurück ins Meer nicht finden. Anderthalb Stunden lang schob ich sie mehrmals wieder in Richtung Meer, aber sie wollten sich nicht vom Strand fortbewegen", berichtete der Umweltschutzbeamte. „Mir wurde langsam sehr kalt, nass war ich auch, und die Wale wurden immer müder."

„Ich war schon so weit zu denken, ich muss aufgeben, ich habe getan, was ich konnte", berichtete Mr. Smith. In solchen Situationen werden Wale manchmal eingeschläfert, um ihnen einen qualvollen Tod zu ersparen. Doch diesmal kam es anders. Ein Delfin namens Moko tauchte auf, und Smith hörte Geräusche, die der Delfin und die Wale machten. „Die Wale nahmen Kontakt zu dem Delfin auf, und Moko begleitete sie praktisch 200 Meter weit an der Sandbank entlang."

„Dort mussten sie eine große Kurve und durch eine ziemlich schmale Stelle schwimmen. So brachte der Delfin die Wale aufs offene Meer", sagte Smith. Er habe die Wale seither nicht mehr gesichtet und gehe deshalb davon aus, dass sie wohlauf und in Sicherheit seien. Damit ist Moko endgültig ein Star. Der zutrauliche Delfin nähert sich gerne Booten, um getätschelt zu werden und schiebt Kajaks mit seiner Schnauze vor sich her.

In Mahia stranden jährlich rund dreißig Wale, die meistens eingeschläfert werden müssen. „Ich weiß nicht, ob wir Moko beim nächsten gestrandeten Wal vielleicht rufen können", sagte Smith. „Diesmal hat er sie jedenfalls gerettet."

Auch nach seiner Rettungsaktion kehrte Moko zurück und spielte mit den Zuschauerinnen und Zuschauern.

Lies den Text aufmerksam durch und beantworte die Fragen.

1 Kreuze alle richtigen Aussagen an.

- [ ] Zwei Delfine waren in Neuseeland gestrandet.
- [ ] Zwei Wale waren in Neuseeland gestrandet.
- [ ] Die Tierschützer*innen konnten den Walen helfen.
- [ ] Ein Delfin konnte den Walen helfen.
- [ ] Wenn Wale stranden, muss man sie manchmal einschläfern.

2 Mr. Smith ist von Beruf …

- [ ] Fischer.
- [ ] Umweltschützer.
- [ ] Umweltschutzbeamter.
- [ ] Walfänger.

3 Konnten Mr. Smith und die anderen Tierschützer*innen den beiden Walen helfen?
Erzähle genau.

4 Es wird im Text erzählt, was Moko gerne tut. Kreuze an.

- [ ] Kajaks mit der Schnauze anschieben
- [ ] sich von Besuchern tätscheln lassen
- [ ] Wasserball spielen
- [ ] Fische jagen

5 Manchmal stranden Wale und finden nicht mehr ins Wasser zurück.
Was muss der Umweltschutzbeamte dann tun?

6 Wie viele Wale etwa stranden jedes Jahr in Mahia Beach?

____

7 Wie rettete Moko die Wale?

- ☐ Er rief ihnen den Weg zu.
- ☐ Er schwamm voraus.
- ☐ Er brachte sie zu den Menschen, die ihnen helfen konnten.
- ☐ Er rettete sie überhaupt nicht.

8 Was tat Moko nach seiner Rettungsaktion?

- ☐ Er schwamm mit den Walen weiter.
- ☐ Er schwamm zu den anderen Delfinen.
- ☐ Er schwamm zu den zuschauenden Menschen und spielte mit ihnen.
- ☐ Er machte ein Mittagsschläfchen.

Text 2: Der kleine Delfin Moko

Es war einmal ein kleiner Delfin namens Moko, der lebte auf der anderen Seite der Erde im warmen Wasser und spielte mit seinen Freunden und mit den vielen Menschen, die immer auf Schiffen kamen, um ihm zuzusehen. Es machte ihm großen Spaß, Kunststücke zu zeigen, Fische im Sprung zu fangen, mit seinen Freunden zu lachen und zu singen und Wettschwimmen mit kleinen Booten oder seinen Geschwistern abzuhalten.

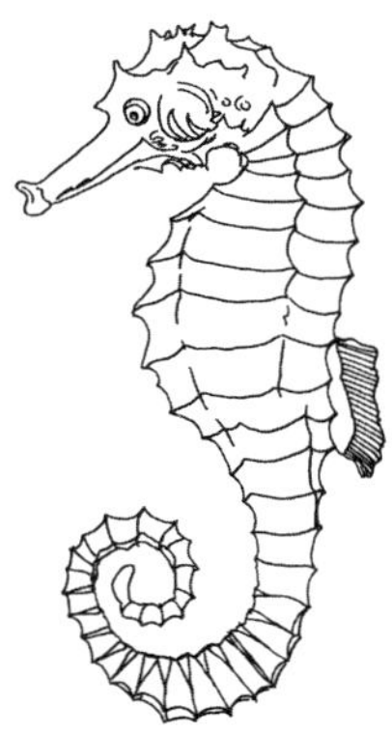

Eines Tages spielte Moko gerade mit einem Seepferdchen, als die beiden Hilferufe hörten. Die beiden sahen sich im Wasser um, konnten aber niemanden in der Nähe sehen, außer einer Qualle, die nicht aussah, als ob sie gerade Hilfe bräuchte. Da hörten die beiden die Hilferufe wieder. Schnell schwamm Moko in die Richtung, aus der die Rufe kamen, und sah sich suchend um. Im Wasser war nichts zu sehen! Da streckte Moko seinen Kopf aus dem Wasser und sah einen kleinen Pottwal und seine Mutter auf einer Sandbank liegen. Sie sahen sehr erschöpft aus und waren von Menschen umringt, die sie herumschubsten. Moko überlegte kurz und erkannte dann, dass die beiden Wale gestrandet waren und alleine nicht mehr ins offene Meer zurückfanden. Er wusste, was das bedeutete: Wale die strandeten, mussten meist sterben. Das durfte auf keinen Fall passieren! Schnell schwamm Moko hin und antwortete auf die Hilferufe der Wale. Sie sprachen eine Sprache, die ein bisschen anders war als seine Delfinsprache, aber die Wale konnten den Delfin verstehen. „Es kommt Hilfe!", sagte die Mutter zu ihrem Kind. „Wir sind gerettet, Gott sei Dank!" Moko erklärte den beiden in Delfinsprache: „Ihr müsst immer direkt hinter mir herschwimmen und auf keinen Fall geradeaus, denn da ist ein anderer Teil der Sandbank. Ihr müsst erst einen großen Bogen, dann durch eine Art Tunnel schwimmen und dann kommt ihr wieder ins freie Meer." Die Wale nickten müde, sie hatten verstanden, was Moko gesagt hatte. Streng befolgten sie seine Anweisung, blieben dicht hinter ihm und schwammen um die Sandbank. Nach ein paar Minuten hatten sie es geschafft. Glücklich gelangten sie ins tiefe Wasser!

Mutter und Sohn bedankten sich herzlich bei Moko. „Früher hat es diese Sandbank nicht gegeben!", erklärte die Walmutter Moko. „Der Sand wird hier erst seit ein paar Jahren angeschwemmt, ich habe das nicht gewusst, dass er zu einer Sandbank wurde. Aber jetzt weiß ich es und werde genau darauf achten, wo wir schwimmen. Vielen Dank für deine Hilfe! Ich hoffe, wir können dir auch einmal etwas Gutes tun!" Daraufhin verabschiedeten sich die Wale, um sich auszuruhen. Moko schwamm zurück zur Sandbank und sah belustigt den Menschen zu, die mit ihm spielen wollten und Applaus klatschten, als er in die Nähe kam. Er ließ sich von ihnen streicheln und mit Fisch füttern und kehrte dann zum Seepferdchen zurück, um fertig zu spielen.

9 a Kreuze die richtigen Aussagen an.

- ☐ Text 1 ist ein Gedicht.
- ☐ Text 1 ist ein Zeitungsartikel.
- ☐ Text 1 ist eine Fabel.
- ☐ Text 1 ist ein Märchen.

- ☐ Text 2 ist ein Gedicht.
- ☐ Text 2 ist ein Zeitungsartikel.
- ☐ Text 2 ist eine Fabel.
- ☐ Text 2 ist ein Märchen.

b Begründe deine Entscheidung.

Text 1 ist ______________________________, weil ____________________

____.

Text 2 ist ______________________________, weil ____________________

____.

10 Sortiere die Aussagen zu den Texten, indem du in der Tabelle richtig ankreuzt. Wenn es zu beiden Texten passt, kannst du zwei Kreuze machen.

	passt zu Text 1	passt zu Text 2
Der Delfin und die Wale machen Geräusche.	☐	☐
Der Delfin und die Wale sprechen miteinander.	☐	☐
Moko sieht eine Qualle, die keine Hilfe braucht.	☐	☐
Die Tierschützer*innen versuchen, die Wale ins Meer zu bringen.	☐	☐
Es wird erzählt, dass Moko Wettschwimmen machte.	☐	☐
Nach eineinhalb Stunden Rettungsversuch war Mr. Smith nass und die Wale waren müde.	☐	☐
Moko begleitet die Wale an der Sandbank entlang.	☐	☐
Der Text erzählt, wie Moko lebt und mit wem er gern spielt.	☐	☐
Der Text erzählt, wie Moko die Wale rettet.	☐	☐
Die Walmutter erzählt, dass die Sandbank früher nicht da war.	☐	☐

11 Finde in den Texten über Moko Wörter, die dasselbe bedeuten.

Beifall: ______________________

auf Wiedersehen sagen: ______________________

erscheinen: ______________________

gesund und munter: ______________________

niemals: ______________________

12 Welche Tiere werden in Text 2 erwähnt?

- ☐ Tintenfisch
- ☐ Pottwale
- ☐ Delfin
- ☐ Seepferdchen
- ☐ Qualle
- ☐ Haifisch
- ☐ Sandwurm

Text 1

Rezept zur Herstellung von Schokolade

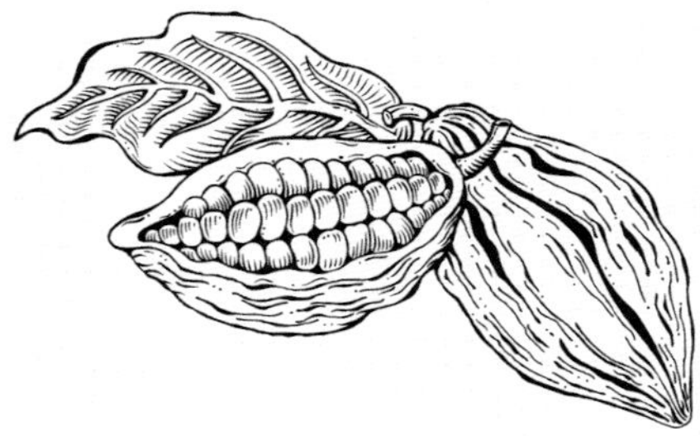

Zutaten:

4 Esslöffel Kakao
75 g Puderzucker
4 Esslöffel Kakaobutter
4 Esslöffel Wasser oder Milch (vielleicht etwas mehr)
1 Esslöffel gehackte Haselnüsse zur Verfeinerung

Zubereitung:

Mische in einer Schüssel Kakaopulver und Zucker mit dem Löffel, füge Wasser (oder Milch) hinzu. Achtung: Du darfst nur wenig mehr als vier Esslöffel Wasser nehmen! Nimmst du zu viel Wasser, wird deine Schokolade später nicht fest!
Schmilz die feste Kakaobutter bei mittlerer Temperatur in einem Topf auf dem Herd.
Mische die geschmolzene Kakaobutter langsam mit dem Schneebesen unter die Masse aus Kakaopulver, Zucker und Wasser.
Rühre die Nüsse zu deiner Schokolade.
Streiche die Masse auf ein Backpapier und lasse sie auskühlen.

1 Nummeriere die Bilder in der richtigen Reihenfolge. Streiche falsche Bilder weg.

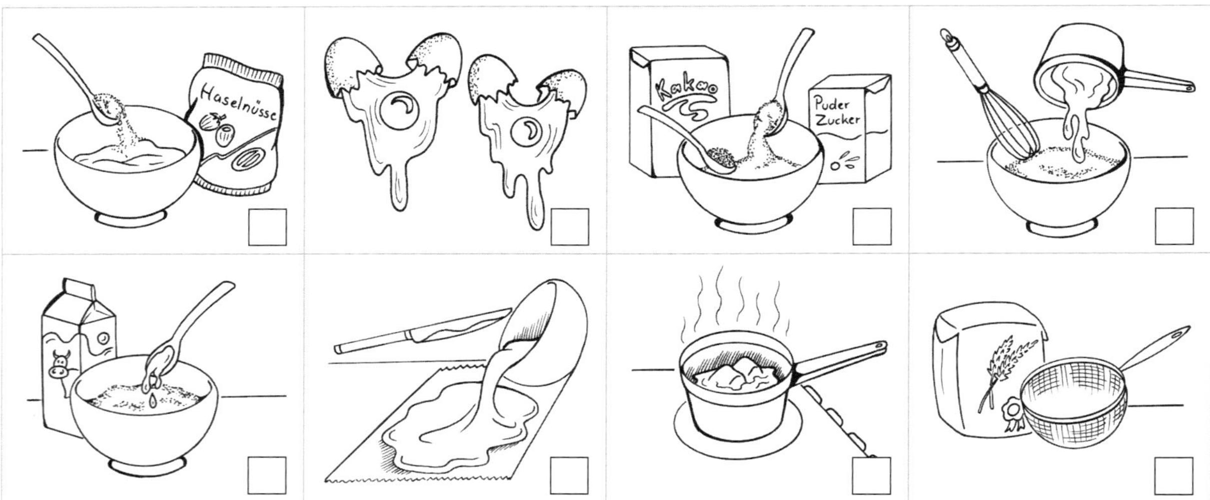

2 Welche Behauptungen stimmen?

	richtig	falsch
Schokolade wird wie Kuchen im Backofen gebacken.	☐	☐
Für die Schokoladenherstellung braucht man Kakao.	☐	☐
Wenn man zu viel Wasser nimmt, wird die Schokolade nicht fest.	☐	☐
Kakaobutter ist immer flüssig.	☐	☐
Nüsse können die Schokolade verfeinern.	☐	☐

Text 2

Wie entstand die Schokolade?

Kakaofrüchte wachsen auf Bäumen.

Die Kakaofrucht ist gelb-orange und wächst auf einem Baum. Im Inneren der Früchte sind ca. 30 bis 40 Kakaobohnen in einer weichen Masse, die man Pulpe nennt. Man kann die Kakaofrüchte öffnen, die Pulpe mit den Kakaobohnen entnehmen und trocknen. So erhält man die Kakaobohnen.

In Mittelamerika hat ein indigenes Volk, das „Maya" heißt, schon vor mehr als 1 500 Jahren Kakao angebaut. Sie nannten die Bohnen „chocol haa". Weil die Kakaobohne so wertvoll war, wurde sie auch wie Geld verwendet; die Maya bezahlten Tiere, Werkzeuge, Felle und Tonwaren mit Kakaobohnen.

Ein anderes indigenes Volk, das „Azteken" heißt, fand heraus, dass man die gemahlenen Kakaobohnen trinken kann. Sie mischten den Kakao mit Wasser und Gewürzen und nannten das Getränk „xocolatl", das bedeutet „würziges Wasser". Gewürzt wurde das Kakaowasser mit Pfeffer oder Chili.

Zur Zeit der Seefahrer kam der spanische Eroberer Hernán Cortés nach Mittelamerika und probierte auch den Kakao. Es schmeckte ihm aber nicht, es war viel zu bitter! Trotzdem nahm er einige Säcke mit Kakaobohnen mit nach Spanien. Die Spanier mischten Vanille und Honig in den Kakao, dadurch wurde das Getränk süß und schmeckte allen.

In den Kakaofrüchten sind die Bohnen.

Die Spanier mischten die Getränkenamen „chocol haa" von den Maya und „xocolatl" von den Azteken zu „chocolatl". Da sie das „tl" am Ende nicht gut aussprechen konnten, machten sie daraus ein „te" und der Name „chocolate" war entstanden.

Kakao war sehr teuer und es gab ihn in Europa nur für sehr reiche Leute. So kam es, dass Seeräuber eine ganze Schiffsladung voll kostbarer Kakaobohnen versenkten, weil sie die kleinen braunen Kügelchen für Schafskot hielten.

Bis zu dieser Zeit gab es Schokolade immer nur in flüssiger Form. 1847 erfand ein englischer Schokoladenhersteller die feste Schokolade, indem er Kakaobutter, Zucker und Kakaopulver verknetete. Je mehr Kakao die Schokolade enthält, desto bitterer und dunkler wird sie.

Bis heute stellt man so Schokolade her: Man mischt zu dem braunen Kakaopulver noch Milch, Zucker und Kakaobutter, rührt die warme, klebrige Masse sehr lange und gießt sie dann in Formen. Wenn die Schokolade kalt ist, entstehen Schokoladentafeln, Osterhasen oder Schoko-Nikoläuse.

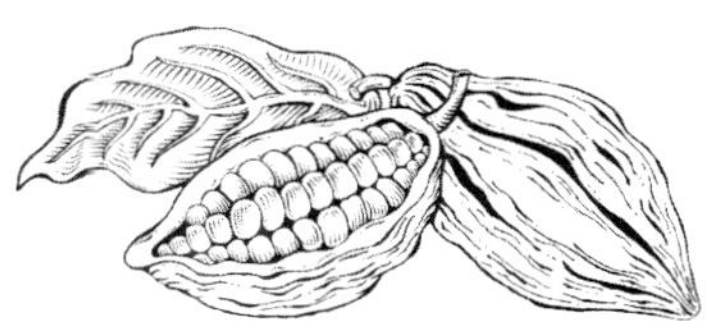

3 Was ist die wichtigste Zutat für Schokolade?

- [ ] Mehl
- [ ] Kakao
- [ ] Sahne

4 Wo kann man die Kakaobohnen finden?

- [ ] In den orange-gelben Früchten des Kakaobaumes.
- [ ] Sie hängen am Kakaobaum wie Kirschen.
- [ ] Man gräbt sie aus wie Erdnüsse.

5 Womit würzten die Azteken das Kakaowasser („xocolatl")?

- [ ] Zimt
- [ ] Marzipan
- [ ] Pfeffer

6 Die Maya verwendeten Kakao nicht nur, um Getränke herzustellen, sondern auch …

- [ ] als Munition.
- [ ] wie Geld.
- [ ] als Ziegenfutter.

7 Je mehr Kakao in der Schokolade ist, desto …

- [ ] heller ist die Schokolade.
- [ ] süßer ist die Schokolade.
- [ ] bitterer ist die Schokolade.

8 Was mischten die Spanier zum Kakao-Wasser-Gemisch, damit es süßer wurde?

- [ ] Nutella
- [ ] Milch
- [ ] Honig

9 Wie erhält die Schokolade ihre Tafelform?

- [ ] Sie wird aus einem großen Schokoladenstück geschnitzt.
- [ ] Sie wird warm gegossen und erkaltet dann in der Form.
- [ ] Sie wird mit der Säge abgeschnitten.

10 Im Text wird genau erklärt, wie die Schokolade entstanden ist.
Nummeriere die Sätze in der richtigen Reihenfolge.

____ Ein Engländer erfand die Tafelschokolade.

____ Ein spanischer Eroberer nahm Kakaobohnen mit nach Europa.

____ Die Azteken tranken gemahlenen Kakao mit Wasser und Gewürzen vermischt.

____ Zuerst mochten die Spanier den bitteren Kakao nicht. Dann mischten sie Vanille und Honig zum Kakaowasser, nun tranken ihn alle gerne.

11 Piraten versenkten einmal ein Schiff, das nur Kakaobohnen geladen hatte.
War dies eine kluge Entscheidung? Begründe mithilfe des Textes.

____

____

____

____

12 Mit welchen Zutaten wird feste Schokolade hergestellt?
Unterstreiche vier Zutaten im Text.

13 Was steht im Text?

	richtig	falsch
Die Kakaofrucht ist gelb-orange.	☐	☐
Im Inneren der Frucht sind ca. 300 Kakaobohnen.	☐	☐
Die weiche Masse im Inneren der Kakaofrucht heißt Puppe.	☐	☐
Man öffnet die Kakaofrucht und trocknet die Kakaobohnen.	☐	☐
Kakaobohnen hat man schon vor über 1 500 Jahren angebaut.	☐	☐

14 Verbinde die passenden Satzteile.

Die Azteken nannten das Kakao-Wasser-Getränk	chocol haa.
Die Maya nannten die Kakaobohnen	chocolatl.
Die Spanier konnten nicht gut aussprechen:	xocolatl.

15 Warum wurde die Kakaobohne wie Geld verwendet? Begründe mithilfe des Textes.

____

____

Ferienwoche

Liebe Kinder,

dieses Jahr findet die Ferienwoche vom 4. bis zum 8. August statt.

Ihr könnt die Tage einzeln buchen oder gleich den ganzen Ferienspaß, dann seid ihr jeden Tag mit dabei.
Jeder einzelne Tag kostet 5 €, die ganze Woche kostet 20 €. Bitte beachtet, dass ihr euch für die richtige Altersgruppe anmeldet und dass der Schwimmausflug am Mittwoch nur für 8- bis 11-Jährige angeboten wird, die schwimmen können.

Bitte gebt die ausgefüllte Anmeldung bis zum 26. Juli im Rathaus an der Information oder beim Sozialarbeiter Herrn Welte im Bürgerbüro ab. Weitere Informationen erhaltet ihr schriftlich per Post oder, wenn ihr die Adresse angegeben habt, per E-Mail.

Herzliche Grüße
euer Ferienteam

Programm

Montag, 4. 8. **Holzarbeiten im Werkhof der Stadt, Treffpunkt: 9 Uhr am Werkhof**

4–7 Jahre: Wir bauen mit den Bauhof-Mitarbeiter*innen Vogelhäuschen.

8–11 Jahre: Wir bauen mit den Bauhof-Mitarbeiter*innen Nistkästen.

Dienstag, 5. 8. **Führung durch den Wald mit dem Förster**

4–7 Jahre: Die kleineren Kinder laufen mit dem Förster Herrn Schmid eine kleine Runde zum Grillplatz an der Burgruine Weißenstein. Bitte Grillsachen und Getränke mitbringen!
Treffpunkt: 10 Uhr am Rathaus

8–11 Jahre: Die größeren Kinder laufen mit dem Förster Herrn Rüb die große Runde am Schwanensee vorbei bis zur Burgruine Weißenstein. Bitte Grillsachen und Getränke mitbringen!
Treffpunkt: 8 Uhr am Rathaus

Mittwoch, 6. 8. **Ausflug zum Streichelzoo/Ausflug ins Abenteuerbad Aquawelt**

4–7 Jahre: Die kleineren Kinder besuchen den Streichelzoo der Heugelmühle. Dort gibt es Ziegen, Schafe, Meerschweinchen, Kaninchen, Hamster und Ponys, die auf Fütterung und Streicheleinheiten warten.
Wir fahren mit dem Bus, bitte seid pünktlich um 9 Uhr am Rathaus.

8–11 Jahre	Nur für Schwimmer*innen! Wir fahren mit dem Bus nach Illnhausen ins Abenteuerbad. Badesachen und Lunchpaket nicht vergessen! **Treffpunkt um 8.30 Uhr am Rathaus**
Donnerstag, 7.8.	**Besuch bei der Feuerwehr**
4–11 Jahre	Der Feuerwehrmann Herr Gruber zeigt uns die Feuerwehrautos und das Feuerwehrhaus. Ihr dürft mit den Feuerwehrleuten die Autos Probe fahren, das Martinshorn bedienen, Löschen üben und bei warmem Wetter bauen wir mit Feuerwehrschläuchen eine Wasserrutsche. Badesachen und Handtuch mitbringen! **Treffpunkt um 10 Uhr vor dem Feuerwehrhaus an der Bachstraße**
Freitag, 8. 8.	**Besuch auf dem Bauernhof / Übernachten im Heu** Woher kommt die Milch und wohin geht das Getreide? Wir besuchen Familie Haug auf dem Bauernhof und lernen Wissenswertes über Melken, Misten, Füttern, Mähdreschen und Traktorfahren. **Treffpunkt: 10 Uhr am Bauernhof**
4–7 Jahre	Um 17 Uhr endet der Tag für die kleineren Kinder mit einem Grillfest.
8–11 Jahre	Die größeren Kinder dürfen nach dem Tag auf dem Bauernhof noch eine Nachtwanderung machen, im Heu übernachten und am nächsten Morgen auf dem Bauernhof frühstücken: frische Eier, Brot, Butter, Marmelade, Schinken und Käse direkt vom Erzeuger warten auf euch! **Extrakosten: 5 € für Übernachtung mit Frühstück**

-------------- **bitte hier abtrennen** --------------

Anmeldung

Name: ____________________ Alter: __________

Telefon: ____________________ E-Mail: ____________________

Adresse: ____

☐ Ich melde mich für den gesamten Ferienspaß an allen Tagen an.

☐ Ich melde mich für folgende Tage und Angebote an:

- ☐ **Montag**
- ☐ **Dienstag**
- ☐ **Mittwoch** Streichelzoo Schwimmbad **(Unzutreffendes bitte streichen)**
- ☐ **Donnerstag**
- ☐ **Freitag**

Unterschrift der Eltern: ____________________

Lies den Text aufmerksam durch und beantworte die Fragen.

1 In welchem Monat findet die Ferienwoche statt?

___

2 Das Rathaus hat in der Mittagspause geschlossen.
Wo kannst du deine Anmeldung noch abgeben?

___

___

3 Wie viel sparst du, wenn du die ganze Woche buchst?

___

4 Bis wann musst du die Anmeldung abgeben?

___

5 Du möchtest mit deinem sechsjährigen Bruder ein gemeinsames Erlebnis buchen, zu dem ihr gemeinsam hingeht, bei dem ihr gemeinsam mitmacht und von dem ihr auch gemeinsam wieder nach Hause fahrt.
Für welchen Tag müsst ihr euch anmelden?

___

6 Was stimmt?

- ☐ Der Förster Herr Schmid geht mit den kleinen Kindern am See vorbei.
- ☐ Die großen Kinder gehen mit Herrn Schmid am Schwanensee vorbei.
- ☐ Die großen Kinder gehen mit Herrn Rüb am Schwanensee vorbei.
- ☐ Die großen und die kleinen Kinder wandern gemeinsam.

7 Die fünfjährige Luna möchte sich am Mittwoch für das Abenteuerbad Aquawelt anmelden. Sie kann schwimmen. Darf sie mitfahren?
Begründe deine Antwort.

____

____

____

8 Im Ferienprogramm steht, die großen Kinder dürfen …

- ☐ im Schwanensee baden.
- ☐ einen Nistkasten bauen.
- ☐ nach dem Tag auf dem Bauernhof noch im Heu übernachten.
- ☐ auf dem Bauernhof Ziegen und Kaninchen streicheln.

9 Maurice arbeitet gern mit Holz, Hammer und Nägeln. Für welchen Tag sollte er sich anmelden?

____

10 Wo befindet sich das Abenteuerbad Aquawelt?

____

11 Der achtjährige Luca ist Nichtschwimmer und will auch ins Abenteuerbad wie sein Bruder Marc. Er findet es ungerecht, dass er nicht mitdarf.
Stimmst du ihm zu? Begründe deine Meinung.

____

____

____

____

12 Was gehört zu dem Besuch bei der Feuerwehr?

- [ ] Mit dem Feuerwehrhubschrauber fliegen.
- [ ] Eine Probefahrt mit dem Feuerwehrauto machen.
- [ ] Bei schönem Wetter auf der Wasserrutsche rutschen.
- [ ] An der Rutschstange rutschen.

13 Warum treffen sich die größeren Kinder am Dienstag um 8 Uhr am Rathaus, die kleineren Kinder aber erst um 10 Uhr? Erkläre genau.

____

____

____

____

14 Zu welchen Ausflügen muss man Badesachen mitbringen?

____

____

Herzliche Einladung zum Tag der offenen Tür

1
- [x] Bei der Verfolgung eines Einbrechers zusehen.
- [x] Dich mit Handschellen fotografieren lassen.
- [x] In der Ausnüchterungszelle Probe sitzen.
- [x] Mit dem Fahrrad über eine Wippe fahren.

2
- [x] Präsentation der Hundestaffel
- [ ] Fahrradparcours
- [x] Besichtigung der Zentrale
- [x] Anprobe und Fototermin

3 **Nein, das kann nicht stimmen. Die Besichtigung eines Streifenwagens kann man beim Fahrradparcours gewinnen. An diesem darf man ab 9 Jahren teilnehmen, Florian ist aber erst 7 Jahre alt.**

4 **Sie müssen um 9.30 Uhr auf der Polizeiwache sein.**

5 **Ja, das stimmt, denn unter dem Programm steht, dass die Polizeikantine für Speis und Trank sorgt.**

6 **Nein, ich stimme ihr nicht zu. Wenn sie Tiere mag, kann Ina die Präsentation der Hundestaffel ansehen. Und weil ihr Verkleiden Spaß macht, ist sicher auch die Attraktion „Anprobe und Fototermin" etwas für sie.**

7
- [ ] Präsentation der Hundestaffel
- [ ] Fahrradparcours
- [x] Besichtigung der Zentrale
- [x] Anprobe und Fototermin

8 **Linus sollte auf jeden Fall beim Fahrradparcours mitmachen und versuchen, die Besichtigung des Streifenwagens zu gewinnen, bei der man auch die Sirene anschalten darf.**

9 **Ja, es gibt noch mehr Attraktionen, denn über den Programmpunkten steht, dass dies nur eine kleine Auswahl ist und dass man das komplette Programm im Internet ansehen kann.**

10 **Bei Attraktion 3, also der Besichtigung der Zentrale, muss man sich vorher anmelden, weil die Gruppe ab 12 Teilnehmer*innen geteilt wird. Da die Gruppen zu unterschiedlichen Zeiten starten und man wissen möchte, wie viele Gruppen es insgesamt sind, muss man vorher wissen, wie viele Personen es sein werden.**

11

	stimmt	stimmt nicht
Wenn Familie Klein um 15.30 Uhr zur Polizeiwache kommt, kann sie sich mit kugelsicheren Westen fotografieren lassen.	☐	☒
Fritz Reuter leitet die Besichtigung der Zentrale.	☐	☒
Die Besichtigung der Zentrale findet in Zimmer 304 statt.	☐	☒
Bastis Oma darf sich mit Helm fotografieren lassen.	☒	☐
Marius Weinfeld ist ein Jugendbeamter.	☒	☐
Lilli ist die 15. Person, die sich bei der Besichtigung der Zentrale anmeldet. Ihre Gruppe wird um 14 Uhr starten.	☐	☒

Versammlung im Regen

1 **Der älteste Drache im Tal hieß Schieferbart.**

2 ☒ Er konnte noch Feuer speien.
☐ Seine Schuppen schimmerten noch.
☒ Die jungen Drachen fragten ihn um Rat.
☒ Seine Knochen schmerzten.

3 **Der einzige Kobold hieß Schwefelfell.**

4 ☐ Es war Tag.
☐ Die Sonne schien.
☒ Es regnete.
☒ Es war Nacht.

5 ☐ unehrlich
☒ unersättlich
☐ unentbehrlich
☐ unerfreulich

6 **Die Ratte wusste, was die Menschen vorhaben, weil sie mit ihrer Sippe in die Häuser der Menschen gegangen war und sie belauscht hatte.**

7 **Die Ratte rümpfte beleidigt die Nase, weil die Drachen ihr nicht glauben wollten, was die Menschen vorhaben.**

8 Sie sind doch so blind, sie sehen nur, was sie sehen wollen. Sie werden uns wieder für Felsen halten oder für abgestorbene Bäume."

Zeilen: **41 bis 43**

9 **Die Drachen schätzten die Gefahr nicht richtig ein, denn sie konnten oder wollten nicht so recht glauben, was die Ratte ihnen erzählte. Einer von ihnen sagte: „Das ist unmöglich! Niemand kann das. Nicht einmal wir, obwohl wir größer und stärker sind als sie."**

10 ☐ ein Floß
☐ ein Dorf
☒ einen Stausee
☐ eine Mühle

11 **Die Ratte meinte, dass die Menschen ihre Fahrzeuge gestartet und betankt haben und auf dem Weg zu ihnen sind.**

12 *Lösungsvorschlag:*
Ich würde den Drachen raten, dass sie sich gegen die Menschen zur Wehr setzen sollen. Die Höhlen, in denen die Drachen leben, sollen vollständig überschwemmt werden. Das ist unfair, daher sollten sie versuchen, ihr Zuhause zu retten.

13
- ☐ Dass sie sich verstecken sollen.
- ☒ Dass die Menschen Pläne schmieden.
- ☐ Dass die Menschen dumm sind.
- ☐ Dass die Drachen nicht auf Mäuse hören.

14
- ☐ einen Brunnen
- ☒ einen Tunnel
- ☐ eine Autobahn
- ☐ eine Höhle

15

	richtig	falsch
Schieferbart kletterte auf einen Felsen, der wie ein Riesenkopf aussah.	☒	☐
Die Welt hatte nicht immer den Menschen gehört.	☒	☐
Die Drachen hofften, dass Schieferbart das Unglück verscheuchen würde.	☒	☐
Schwefelfell knabberte an getrocknetem Gras herum.	☐	☒
Schwefelfell kletterte an Schieferbarts Schwanz hoch.	☐	☒

16
- ☐ taub
- ☒ blind
- ☐ stumm

Ausgestorbene Tiere

1
- [ ] Um Knochen, Federn und Fossilien auszustellen.
- [x] Um die ersten gefundenen Tiere auszustellen.
- [ ] Um Krankheiten der Tiere zu zeigen.
- [ ] Um Spuren der Tiere zu zeigen.

2 **Er wurde „lonesome", also „einsamer" George genannt, weil er als einzige Riesenschildkröte auf der Insel Pinta lebte.**

3
- [x] Sie brachten Ziegen mit, die den Schildkröten das Futter wegfraßen.
- [x] Viele Riesenschildkröten wurden von den Europäern getötet.
- [ ] Die Europäer brachten Füchse mit, die Schildkröteneier fraßen.
- [ ] Die Schildkröten paarten sich nicht mit europäischen Schildkröten und starben aus.

4 *Seite 11, Zeilen 32/33:*
Sie brachten weibliche Schildkröten auf die Insel und versuchten, sie mit George zusammenzubringen.

5
2 Im 16. Jahrhundert kamen europäische Seefahrer auf die Inseln.
3 Die Seefahrer hatten Ziegen an Bord.
1 Die Tiere auf den Galapagosinseln lebten bis zum 16. Jahrhundert ungestört.
7 Leere Gelege wurden entdeckt.
8 2012 starb George.
4 Die Europäer jagten die Schildkröten und die Ziegen fraßen ihnen das Futter weg.
5 1971 wurde die letzte Riesenschildkröte entdeckt.
6 Wissenschaftler*innen versuchten, weibliche Schildkröten mit George zu paaren.

6
- [x] Er gehörte zur Gattung der Beuteltiere.
- [x] Seine Hinterbeine glichen denen eines Vogels.
- [ ] Seine Vorderbeine glichen denen eines Vogels.
- [x] Er schlief tagsüber in Grasnestern.

7

	richtig	falsch
Der Schweinsfuß-Nasenbeutler war 200 g schwer.	☒	☐
Das Schaf fraß der Pinta-Riesenschildkröte das Futter weg.	☐	☒
1971 wurde auf den Galapagosinseln ein Wissenschaftler entdeckt.	☐	☒
„Lonesome George" wurde ca. 100 Jahre alt.	☒	☐
Der sizilianische Zwergelefant konnte bis 200 kg schwer werden.	☒	☐
„Lonesome George" starb am 24. 6. 2012.	☒	☐

8 **Den Schweinsfuß-Nasenbeutler konnte man in Australien finden.**

9 **Füchse, Hunde und Katzen jagten den Schweinsfuß-Nasenbeutler.**

10 **Man kann die Knochen zum Beispiel auf Sizilien, Zypern und Kreta finden.**

11 ☐ Die Risthöhe ist die Höhe des Tieres vom Boden bis zu den Ohren.

☒ Die Risthöhe ist die Höhe des Tieres vom Boden bis zu der Stelle, an der der Hals anfängt.

☒ Der Zwergelefant hatte eine Risthöhe von ca. 1 Meter.

12 ☒ ja

☐ nein

13 **Ja, sie fressen Blätter. Im Text steht, dass sich die Zwergelefanten „wie ihre großwüchsigen Verwandten" von Blättern ernährten.**

Frederick

1
- [x] In einer alten Steinmauer.
- [x] In der Nähe von Scheuer und Kornspeicher.
- [x] Neben einer Wiese, wo Kühe und Pferde grasten.
- [ ] In einem Mäuseloch.

2
- [x] Körner
- [x] Nüsse
- [ ] Hafer
- [x] Weizen

3
- Frederick sammelte Sonnenstrahlen → für die kalten, dunklen Wintertage.
- Frederick sammelte Farben, → weil der Winter grau ist.
- Frederick sammelte Wörter → für lange Wintertage, wenn die Mäuse nicht wissen, worüber sie reden sollen.

4
- **2** Die Mäusefamilie war glücklich, hatte genug zu essen und erzählte sich Geschichten.
- **1** Der Schnee fiel und die Mäuse gingen in ihr Versteck zwischen den Steinen.
- **4** Die Familie erinnerte sich an Fredericks Vorräte.
- **3** Die Vorräte waren aufgeknabbert und es war kalt. Keiner wollte mehr sprechen.

5

	stimmt	stimmt nicht
der Wärme der Sonnenstrahlen.	☒	☐
den roten Tulpen im Kornfeld.	☐	☒
vier kleinen Feldmäusen, die im Himmel wohnen.	☒	☐
den Gesängen der Feldlerche.	☐	☒

6
- ☐ Schneefall
- ☐ Tauwetter
- ☐ Sonnenschein
- ☒ Sturm
- ☐ Donner
- ☐ Mondschein

7 **Ja, Fredericks Vorräte waren für die Mäusefamilie hilfreich. Als er von der Sonne erzählte, wurde den Mäusen schon viel wärmer, und als er von den Farben auf dem Feld und im Busch erzählte, da sahen die Mäuse diese vor sich und der Winter war nicht mehr so grau.**

8 *Lösungsvorschlag:* **Für eine alte, blinde Frau würde ich schöne Lieder, Gedichte und Geschichten sammeln. Außerdem Erzählungen, in denen die Umgebung der blinden Frau mit all ihren Farben und Gerüchen ganz genau beschrieben wird.**

Tierische Rettungsaktion/Der kleine Delfin Moko

1
- ☐ Zwei Delfine waren in Neuseeland gestrandet.
- ☒ Zwei Wale waren in Neuseeland gestrandet.
- ☐ Die Tierschützer*innen konnten den Walen helfen.
- ☒ Ein Delfin konnte den Walen helfen.
- ☒ Wenn Wale stranden, muss man sie manchmal einschläfern.

2 Mr. Smith ist von Beruf …
- ☐ Fischer.
- ☐ Umweltschützer.
- ☒ Umweltschutzbeamter.
- ☐ Walfänger.

3 **Nein, Mr. Smith und die anderen Tierschützer*innen konnten den Walen nicht helfen. Sie versuchten ihnen immer wieder den Weg ins Meer zu weisen, aber die Wale verloren jedes Mal die Orientierung und strandeten erneut.**

4
- [x] Kajaks mit der Schnauze anschieben
- [x] sich von Besuchern tätscheln lassen
- [ ] Wasserball spielen
- [ ] Fische jagen

5 **Er muss die gestrandeten Wale dann einschläfern lassen.**

6 **In Mahia Beach stranden jährlich ca. 30 Wale.**

7
- [ ] Er rief ihnen den Weg zu.
- [x] Er schwamm voraus.
- [ ] Er brachte sie zu den Menschen, die ihnen helfen konnten.
- [ ] Er rettete sie überhaupt nicht.

8
- [ ] Er schwamm mit den Walen weiter.
- [ ] Er schwamm zu den anderen Delfinen.
- [x] Er schwamm zu den zuschauenden Menschen und spielte mit ihnen.
- [ ] Er machte ein Mittagsschläfchen.

9 a
- [ ] Text 1 ist ein Gedicht.
- [x] Text 1 ist ein Zeitungsartikel.
- [ ] Text 1 ist eine Fabel.
- [ ] Text 1 ist ein Märchen.

- [ ] Text 2 ist ein Gedicht.
- [ ] Text 2 ist ein Zeitungsartikel.
- [ ] Text 2 ist eine Fabel.
- [x] Text 2 ist ein Märchen.

b Text 1 ist **ein Zeitungsartikel**, weil **er sehr sachlich geschrieben ist und über den Vorfall informiert**.

Text 2 ist **ein Märchen**, weil **die Tiere sprechen können und alles am Ende gut ausgeht**.

10

	passt zu Text 1	passt zu Text 2
Der Delfin und die Wale machen Geräusche.	☒	☒
Der Delfin und die Wale sprechen miteinander.	☐	☒
Moko sieht eine Qualle, die keine Hilfe braucht.	☐	☒
Die Tierschützer*innen versuchen, die Wale ins Meer zu bringen.	☒	☒
Es wird erzählt, dass Moko Wettschwimmen machte.	☐	☒
Nach eineinhalb Stunden Rettungsversuch war Mr. Smith nass und die Wale waren müde.	☒	☐
Moko begleitet die Wale an der Sandbank entlang.	☒	☒
Der Text erzählt, wie Moko lebt und mit wem er gern spielt.	☐	☒
Der Text erzählt, wie Moko die Wale rettet.	☒	☒
Die Walmutter erzählt, dass die Sandbank früher nicht da war.	☐	☒

11

Beifall:	**Applaus**
auf Wiedersehen sagen:	**sich verabschieden**
erscheinen:	**auftauchen**
gesund und munter:	**wohlauf**
niemals:	**auf keinen Fall**

12

- ☐ Tintenfisch
- ☒ Pottwale
- ☒ Delfin
- ☒ Seepferdchen
- ☒ Qualle
- ☐ Haifisch
- ☐ Sandwurm

Rezept zur Herstellung von Schokolade/ Wie entstand die Schokolade?

1

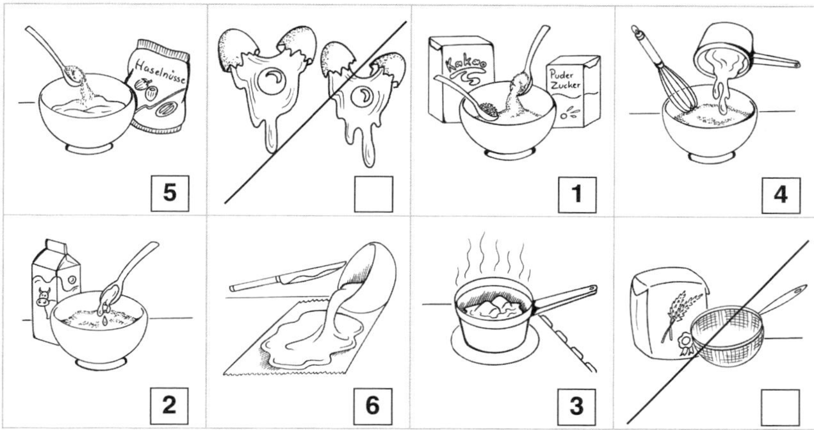

2

	richtig	falsch
Schokolade wird wie Kuchen im Backofen gebacken.	☐	☒
Für die Schokoladenherstellung braucht man Kakao.	☒	☐
Wenn man zu viel Wasser nimmt, wird die Schokolade nicht fest.	☒	☐
Kakaobutter ist immer flüssig.	☐	☒
Nüsse können die Schokolade verfeinern.	☒	☐

3 ☐ Mehl
☒ Kakao
☐ Sahne

4 ☒ In den orange-gelben Früchten des Kakaobaumes.
☐ Sie hängen am Kakaobaum wie Kirschen.
☐ Man gräbt sie aus wie Erdnüsse.

5 ☐ Zimt
☐ Marzipan
☒ Pfeffer

6 ☐ als Munition.
☒ wie Geld.
☐ als Ziegenfutter.

7 ☐ heller ist die Schokolade.
☐ süßer ist die Schokolade.
☒ bitterer ist die Schokolade.

8 ☐ Nutella
☐ Milch
☒ Honig

9 ☐ Sie wird aus einem großen Schokoladenstück geschnitzt.
☒ Sie wird warm gegossen und erkaltet dann in der Form.
☐ Sie wird mit der Säge abgeschnitten.

10 **4** Ein Engländer erfand die Tafelschokolade.
2 Ein spanischer Eroberer nahm Kakaobohnen mit nach Europa.
1 Die Azteken tranken gemahlenen Kakao mit Wasser und Gewürzen vermischt.
3 Zuerst mochten die Spanier den bitteren Kakao nicht. Dann mischten sie Vanille und Honig zum Kakaowasser, nun tranken ihn alle gerne.

11 **Nein, es war keine kluge Entscheidung, das Schiff mit den Kakaobohnen zu versenken, denn Kakao war sehr teuer. Die Piraten hatten viel Geld versenkt.**

12 *Zeilen 33 und 36 (oder alle vier Zutaten in Zeile 36):*

1847 erfand ein englischer Schokoladenhersteller die feste Schokolade, indem er Kakaobutter, Zucker und Kakaopulver verknetete. Je mehr Kakao die Schokolade enthält, desto bitterer und dunkler wird sie.
Bis heute stellt man so Schokolade her: Man mischt zu dem braunen Kakaopulver noch Milch, Zucker und Kakaobutter, rührt die warme, klebrige Masse sehr lange und gießt sie dann in Formen.

13

	richtig	falsch
Die Kakaofrucht ist gelb-orange.	☒	☐
Im Inneren der Frucht sind ca. 300 Kakaobohnen.	☐	☒
Die weiche Masse im Inneren der Kakaofrucht heißt Puppe.	☐	☒
Man öffnet die Kakaofrucht und trocknet die Kakaobohnen.	☒	☐
Kakaobohnen hat man schon vor über 1 500 Jahren angebaut.	☒	☐

14

Die Azteken nannten das Kakao-Wasser-Getränk	chocol haa.
Die Maya nannten die Kakaobohnen	chocolatl.
Die Spanier konnten nicht gut aussprechen:	xocolatl.

(Verbindungslinien: Azteken → xocolatl.; Maya → chocol haa.; Spanier → chocolatl.)

15 **Die Kakaobohne wurde wie Geld verwendet, weil sie so wertvoll war.**

Ferienprogramm

1 **Die Ferienwoche findet im August statt.**

2 **Ich kann sie auch beim Sozialarbeiter Herrn Welte im Bürgerbüro abgeben.**

3 **Ich spare 5 €, wenn ich die ganze Woche buche.**

4 **Ich muss die Anmeldung bis zum 26. Juli abgeben.**

5 **Wir müssen uns für Donnerstag anmelden.**

6 ☐ Der Förster Herr Schmid geht mit den kleinen Kindern am See vorbei.
☐ Die großen Kinder gehen mit Herrn Schmid am Schwanensee vorbei.
☒ Die großen Kinder gehen mit Herrn Rüb am Schwanensee vorbei.
☐ Die großen und die kleinen Kinder wandern gemeinsam.

7 **Die fünfjährige Luna darf nicht mitfahren, da das Angebot nur für Kinder von 8 bis 11 Jahren ist.**

8 ☐ im Schwanensee baden.
☒ einen Nistkasten bauen.
☒ nach dem Tag auf dem Bauernhof noch im Heu übernachten.
☐ auf dem Bauernhof Ziegen und Kaninchen streicheln.

9 **Maurice sollte sich für den Montag anmelden.**

10 **Das Abenteuerbad Aquawelt befindet sich in Illnhausen.**

11 *Lösungsvorschlag:*
Nein, ich stimme ihm nicht zu. Als Nichtschwimmer ist es viel zu gefährlich in einem Abenteuerbad, wenn nicht eine einzelne Person wirklich nur auf Luca aufpasst.

12 ☐ Mit dem Feuerwehrhubschrauber fliegen.
☒ Eine Probefahrt mit dem Feuerwehrauto machen.
☒ Bei schönem Wetter auf einer Wasserrutsche rutschen.
☐ An der Rutschstange rutschen.

13 **Die größeren Kinder treffen sich früher, weil sie eine längere Wanderung machen als die kleineren Kinder und daher auch länger brauchen, bis sie beim Grillplatz ankommen.**

14 **Badesachen muss man beim Ausflug zum Abenteuerbad Aquawelt und zur Feuerwehr mitbringen.**